Ih 4
2196

DE L'ÉCOLE AU COMBAT

In-8°. — 3° Série

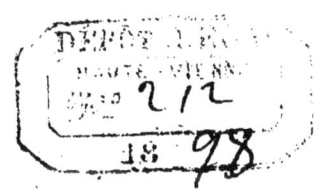

PROPRIÉTÉ DES ÉDITEURS

Le drapeau.

Gaston Eyssartier

De l'École au Combat

Dévouement des Instituteurs pendant la guerre de 1870-1871

LIMOGES
MARC BARBOU & Cie, ÉDITEURS
RUE PUY-VIEILLE-MONNAIE

A mes jeunes Lecteurs

Vous allez trouver dans ces pages, mes enfants, une leçon authentique de civisme et de patriotisme puisée dans la conduite de vos maîtres.

Méditez-la, gardez-en le souvenir, et qu'elle fasse naître en vos cœurs la virile résolution de consoler un jour notre patrie de ses malheurs de 1870.

G. Eyssartier.

DE L'ÉCOLE AU COMBAT

I

PATRIOTISME

N'est-ce pas, mes enfants, que lorsque vous avez lu le récit de nos gloires nationales, les efforts désespérés de nos aïeux les Gaulois, luttant sous Vercingétorix contre le vainqueur romain, les victoires de Clovis et de Charlemagne, la bravoure chrétienne de la chevalerie française, au cours de cette admirable épopée que furent les croisades ; lorsque, avançant dans notre histoire, vous avez vu la France de saint Louis, de Jeanne d'Arc, d'Henri IV et de Louis XIV, vaillamment sortie de ses épreuves, s'élever graduellement au premier rang des nations ; plus tard, lorsque vous avez suivi dans leurs étapes hardies les glorieuses phalanges qu'électrisait de son ardeur irrésistible le plus grand capitaine qui jamais ait conduit nos enseignes à la victoire ; lorsque, vous rapprochant de notre temps, vous avez entendu répéter par de vieux soldats, encore émus des souvenirs de leurs succès, les efforts des bataillons héroïques qui ont acquis à la France sa belle colonie de l'Algérie ; enfin, de nos jours mêmes, lorsqu'on vous rappelle la marche victorieuse à travers tous les dangers, au Tonkin, au Dahomey, à Madagascar, de ces fermes soldats, vos frères aînés, dont un général enthousiasmé pouvait dire : « Je commande aux premiers soldats du monde ; » — n'est-ce pas, dis-je, que vous vous êtes sentis flattés d'être Français, que vos jeunes cœurs ont bondi d'impatiente émulation, qu'un frisson de fierté a parcouru vos membres ?

Et lorsque, aux jours malheureux de notre histoire, vous avez vu notre armée se débattre dans les angoisses de la défaite ; lorsque l'Anglais envahisseur martyrisait sur un bûcher l'héroïne de Domrémy ; lorsque, après tous les triomphes du Consulat et de l'Empire, vous avez assisté, par la pensée, à la mémorable retraite de Napoléon Ier reculant, toujours vainqueur, devant les forces coalisées des ennemis et de la nature ; lorsque enfin vos parents vous ont retracé les déchirements de 1870 : — alors vos yeux se sont remplis de larmes ; une colère a gonflé vos veines; des désirs de vengeance ont envahi vos cerveaux.

Eh bien ! tous ces sentiments pénibles ou flatteurs, cette joie de voir votre pays grand, cette impatience à supporter l'idée de son abaissement se résument en un mot ; et je croirais faire honte à de jeunes Français en leur demandant s'ils le connaissent. — J'entends vos jeunes poitrines jeter ce cri : C'est le patriotisme !

Oui, mes enfants, c'est cet « amour sacré de la patrie » qui, partout et dans tous les temps, suscita les plus mémorables traits de l'héroïsme.

Le patriotisme est de tous les pays, et dans tous il mérite d'être admiré, parce que partout il procède de ces nobles sentiments : l'abnégation de soi-même, le dévouement absolu à sa famille, à ses concitoyens, à ce que les Romains appelaient si justement la « chose publique ».

Mais aucune nation, mes enfants, ne peut être plus riche que la nôtre en souvenirs impérissables créés par cette sublime religion du sol natal ; aucune ne peut offrir un panthéon patriotique plus riche en gloires. Apprenez donc à dire hautement et à prouver avec fidélité que le patriotisme est la première des vertus françaises.

Du patriotisme de notre chère armée, nous ne parlerons ici que pour lui rendre l'hommage de respect que nous lui devons, comme nous saluons nos drapeaux qui passent ! — aussi bien le récit de ses actes héroïques ne contiendrait-il pas dans le cadre de ce petit livre.

Mais en France, le même amour de la patrie est dans tous les cœurs ; l'homme le plus pacifique, le paysan le plus attaché à ses humbles travaux, le fonctionnaire le plus éloigné, par ses devoirs, des choses de la guerre, deviennent des soldats, lorsque se dresse devant eux le devoir imposé par la défense de la patrie.

C'est d'une catégorie de ces simples et dévoués citoyens que je vais vous retracer la conduite exemplaire pendant la malheureuse guerre de 1870, au cours de cette triste époque qu'un grand poète a si justement qualifiée « d'année terrible ».

Vous allez voir, mes enfants, quels sentiments élevés dorment dans ces modestes poitrines ; quels modèles de courage savent tracer ces maîtres d'école si patients et si affectueux avec vous ; quels exemples ils savent joindre aux leçons de civisme qu'ils vous donnent.

II

LE TABLEAU D'HONNEUR DU CORPS ENSEIGNANT
PENDANT LA GUERRE DE 1870

C'est un devoir pour moi, mes enfants, que de commencer cette énumération, que nous pourrions nommer *le tableau d'honneur du corps enseignant,* par la douloureuse histoire de trois héros que leur patriotisme amena jusqu'au martyre. Saluons, mes jeunes amis, ces trois braves : Debordeaux, Poulette et Leroy, fusillés par les Prussiens pour avoir voulu défendre leurs foyers et s'acquitter jusqu'au bout du devoir le plus sacré, la lutte pour le drapeau de la France.

Mais pour donner un intérêt plus complet à cet émouvant récit, je crois utile de vous rappeler en quelques lignes les débuts de notre désastreuse campagne et ses péripéties jusqu'au moment où nous placent les événements que nous allons repasser ensemble.

Au mois de juillet 1870, à la suite d'incidents diplomatiques qui avaient irrité les susceptibilités du gouvernement français et aigri ses rapports avec la Prusse, une dépêche du roi Guillaume à l'empereur Napoléon, — dépêche falsifiée, chose longtemps ignorée, en termes injurieux, par le ministre allemand Bismarck — obligea la France à rompre toutes relations avec la Prusse et à lui demander réparation.

La guerre fut déclarée le 17 du même mois. Il y eut, à ce moment, en France, une véritable fièvre belliqueuse. Les souvenirs de nos victoires en Crimée, en Italie, en Afrique grisaient les plus timides. Hélas! ils étaient aveugles ceux qui, se précipitant ainsi dans la lutte, n'avaient pas vu que l'expédition qui s'ouvrait n'était en rien comparable à celles qui nous avaient valu les lauriers de Sébastopol, d'Inkermann, de Magenta, de Solférino, d'Isly..... Rien n'avait été préparé ; les dangers du plus profond désordre se joignirent à la faiblesse de l'armée de première ligne : nous n'opposions que 250,000 hommes mal organisés aux 500,000 Prussiens qui déjà, dans l'ordre le plus parfait, se pressaient à notre frontière.

Le choc fut terrible pour nous.

En effet, après l'inutile escarmouche de Sarrebruck, qui n'eut que le déplorable résultat de nous donner un jour le mirage d'une victoire, commença la douloureuse théorie des défaites.

Le 4 août, le général Abel Douay était écrasé à Wissembourg et tombait lui-même à la tête de ses troupes. — Le 6, à Frœschwiller, le maréchal de Mac-Mahon se voyait obligé d'engager le combat avec 45,000 hommes contre 126,000.

La lutte fut gigantesque. Jamais l'armée française ne se montra plus héroïquement brave. Vous connaissez tous, mes enfants, l'immortelle charge des cuirassiers à laquelle on a inexactement attaché le nom de *Reichshoffen,* et que nous devons appeler la charge de *Morsbronn,* du nom du village qui en fut le témoin. Trois magnifiques régiments de cuirassiers, pour sauver l'aile droite de notre armée, s'élancèrent au galop, contre l'infanterie prussienne. Jamais pareil ouragan de fer ne s'était abattu sur les colonnes ennemies. Malgré les difficultés du terrain ces superbes phalanges d'acier fondirent comme une trombe sur le village barricadé. Mais les lignes ennemies étaient trop profondes ; nos fiers escadrons furent anéantis par une grêle de balles, un nuage de plomb. — Et ce terrible sacrifice ne sauva pas l'armée qui dut reculer encore. Mais saluons, mes enfants, les héros de Morsbronn ! Gloire à leur valeur ! Honneur à leur mémoire !

Le même jour, à *Forbach*, le général Frossard manquant de renforts devant 70,000 Prussiens perdait aussi une bataille.

L'armée s'affectait douloureusement de ces premiers revers. Toutefois il restait un espoir : des renforts arrivant pourraient modifier la situation et ramener la victoire à nos drapeaux.

Mais tout, hélas, devait se tourner contre eux, dans cette épouvantable guerre. Malgré le renouveau de confiance qu'avait donné au pays la prise de commandement du maréchal Bazaine, — qui, le misérable, devait plus tard consommer la perte de ces aigles dont il eût dû avoir le culte — la série des défaites continua.

Ce fut d'abord à *Borny*, le 14 août; puis à *Rézonville*, le 16, la bataille la plus sanglante de la guerre, où se produisit encore une charge célèbre, celle de *Mars-la-Tour*, où le général de division Legrand fut tué au premier rang.

A partir de ce moment, tout espoir tomba; une tristesse mortelle couvrit le pays; l'armée se sentit compromise, et, quelques manœuvres inexplicables du maréchal Bazaine ayant éveillé de légitimes soupçons, la défiance, ce terrible dissol-

Le maréchal de Mac-Mahon.

vant des armées, s'introduisit dans les rangs.

La suite, du reste, confirma les tristes présages des moins clairvoyants :

Le 18, à *Saint-Privat*, par la faute de Bazaine, malgré les efforts désespérés du brave maréchal Canrobert, nous perdions la seule bataille qui eût pu nous sauver. Et le lendemain, notre pauvre armée entrait à Metz où Bazaine, sans la moindre pitié pour ces braves auxquels leur défaite arrachait des larmes de rage, sans le moindre effort, sans le moindre respect de son devoir, se laissa investir par les troupes allemandes.

Dès lors nous n'avons plus sous les yeux que des bataillons démontés, démoralisés, mal éclairés, devant un ennemi instruit et fort, enivré de son succès et qui ne croit plus aux obstacles.

La défaite de *Beaumont*, où le 5e cuirassiers se montra digne de ses frères de *Morsbronn* et de *Mars-la-Tour*, suivie du combat de *Bazeilles*, amenèrent à Sedan l'armée que le maréchal de Mac-Mahon avait reconstituée à Châlons et avec laquelle il avait eu un instant l'espoir de tendre la main à celle de Metz, en vue d'un nouvel effort commun.

Et ce fut là, à Sedan, nom à jamais sinistre, qu'eut lieu la catastrophe finale, l'écrasement définitif, suivi de la capitulation de cette armée malheureuse qui, en cinq semaines, avait fait malgré ses pertes tant de prodiges de valeur.

Nous ne saurions, mes amis, franchir ce point sombre sans jeter sur lui un regard triste et réfléchi, sans nous rendre compte des fatalités qui l'amenèrent et des efforts si louables de nos soldats pour arracher la **victoire au destin adverse.**

Le 1ᵉʳ septembre, tous nos régiments se trouvaient concentrés au N. O. de Sedan, dans un triangle si restreint, que tout déploiement était impossible.

Les Prussiens surent en profiter pour frapper un grand coup.

La bataille commença à 4 heures du matin. Sur un point, à Bazeilles, les Bavarois faillirent être battus, tant fut énergique la défense de ce bourg, où tous les habitants, le curé lui-même, firent des efforts surhumains. Le nombre eut raison de leur vaillance et de celle du général Lambert, qui s'y rendit célèbre. Un tableau connu de Neuville, le peintre militaire, intitulé *Les dernières cartouches*, a popularisé cette héroïque défense.

Mais, sur les autres points, l'avantage était resté plus facilement à l'ennemi.

Dès six heures du matin, le maréchal

de Mac-Mahon était blessé, et, par son ordre, le commandement passait au général Ducrot, qui, lui-même, sur l'ordre du ministre de la guerre, devait, quelques instants après, le transmettre au général Wimpfen:

Ainsi, en quelques heures, en pleine bataille, le commandement avait trois fois changé de mains. Aussi le désarroi grandissait-il, et les Prussiens, sentant l'impossibilité où nous étions de nous mouvoir, en profitaient. Ils nous enveloppaient et bientôt un cercle complet se ferma sur nous. Une charge hardie de la cavalerie, sous les ordres du général de Galliffet, ne put rompre l'infanterie prussienne.

Une seconde et terrible chevauchée du général Ducrot ne fut pas plus heureuse. L'élan fut pourtant admirable; écoutons sur ce sujet la parole autorisée du général Niox:

« Malgré les plus mauvaises conditions de terrain, la cavalerie s'élance à plusieurs reprises avec un admirable dévouement ; elle est décimée : 800 hommes et près de 80 officiers restent sur le terrain, et les lignes ennemies un instant rompues se reforment.

» Les Allemands ont rendu hommage à cette vaillance ; leurs rapports officiels disent que, malgré l'insuccès de ses efforts, la cavalerie française est en droit de jeter un regard d'orgueil sur ce champ de bataille où elle succomba glorieusement. »

Ce furent les 1er, 3e, 4e chasseurs d'Afrique, 6e chasseurs et 4e lanciers qui fournirent cet effort désespéré; et leur courage fut si impétueux, leur acharnement si terrible, que le roi de Prusse lui-même, affirme-t-on, qui se tenait sur les hauteurs de la rive gauche de la Meuse, ne put s'empêcher de s'écrier, au spectacle émouvant de ce patriotisme et de ce dévouement : « Oh ! les braves gens ! »

Hélas, ce dévouement fut encore inutile; la bataille était perdue sans retour; le cercle des Allemands se resserrait d'une façon effrayante sur notre armée qui refluait vers Sedan.

Alors se passa le dernier acte de ce sombre drame. Le drapeau blanc, signe de capitulation, fut, sur l'ordre de l'empereur, hissé sur une maison de la ville, et quelques instants après, un officier porta au roi Guillaume un pli contenant ces lignes :

« Monsieur mon frère, n'ayant pu mourir au milieu de mes troupes, il ne me reste qu'à remettre mon épée aux mains de Votre Majesté.

» *Je suis, de Votre Majesté, le bon frère,*

» Napoléon. »

Auxquelles le roi Guillaume répondit par les suivantes :

« *Monsieur mon frère, tout en regrettant les circonstances dans lesquelles nous nous rencontrons, j'accepte l'épée de Votre Majesté, et je vous prie de nommer un officier muni de vos pleins pouvoirs pour négocier la capitulation de l'armée qui s'est si bravement battue sous vos ordres. De mon côté, j'ai désigné le général de Moltke à cet effet.*

» *Je suis, de Votre Majesté, le bon frère,*

» Guillaume. »

Le lendemain, la capitulation fut signée par le général de Wimpfen ; l'armée et tout son matériel furent livrés à l'ennemi ;

et pendant que le roi Guillaume, parcourant ses bivouacs, était acclamé par ses soldats, l'empereur Napoléon III, prisonnier de guerre, prenait le chemin de l'Allemagne.

« Depuis Waterloo, dit le général Niox, la France n'avait pas vu pareil malheur; jamais l'armée française n'avait subi pareille humiliation. »

L'armée de Châlons prisonnière, celle de Bazaine bloquée dans Metz, rien ne pouvait plus s'opposer à l'invasion qui s'étendit comme une inondation au-dessus de la Loire.

Pourtant, il n'y avait nulle part défaillance absolue; des troupes nouvelles se préparaient sur tous les points et furent divisées en *armée de la Loire*, *armée du Nord* et *armée des Vosges*. Mais ces forces improvisées ne pouvaient plus songer à livrer des batailles rangées ; leur rôle devait, par prudence, se limiter à la résistance sur chaque point.

A cet effet, les gardes nationales s'étaient organisées partout ; des compagnies de francs-tireurs avaient aussi surgi du sol, car une véritable fièvre de patriotisme s'était emparée du pays. De tous côtés, dans les moindres bourgades, les dispositions étaient prises pour la résistance jusqu'aux dernières limites. Mais les Allemands prirent des mesures farouches contre ces soldats qu'ils mettaient hors la loi. Partout où ils rencontraient la lutte patriotique du citoyen qui défend son sol et sa famille, aussi légitime que fût cette résistance sacrée, ils terrorisaient le pays, brûlant les villages, imposant de lourdes contributions, emmenant des ôtages, fusillant sans jugement ceux qui s'étaient défendus, ou qui, même, étaient simplement soupçonnés d'avoir donné asile aux francs-tireurs.

Hélas ! ce système d'épouvante leur réussit parfois trop bien. Des lâches les accueillirent à bras ouverts, gagnant souvent de grosses sommes en vendant à l'ennemi des provisions qu'ils auraient dû cacher, et tendant une main qu'ils auraient dû armer pour la défense du drapeau. D'autres, plus ignobles encore, achetaient leur tranquillité et les faveurs des Prussiens en dénonçant les courageux citoyens qui avaient fait le coup de feu. A ceux-là, mes enfants, tous les gens de cœur, tous ceux, et c'est, Dieu merci, le plus grand nombre, qui ont le souci de leurs devoirs de Français, ont appliqué la flétrissure de leur plus profond mépris.

Mais à côté de ces défaillances honteuses,

il est consolant de se souvenir du noble dévouement dont firent preuve des hommes généreux, tels que ceux dont nous parlions au début de ces pages, et auxquëls nous allons revenir, puisque l'invasion des hordes allemandes nous a maintenant amenés jusqu'au théâtre de leur héroïsme.

III

EFFORTS PATRIOTIQUES DES GARDES NATIONAUX. — EXÉCUTION DE DEBORDEAUX, INSTITUTEUR A PASLY.

Ce fut au commencement du mois d'octobre 1870, que les Prussiens se montrèrent au sud du département de l'Aisne. Déjà, depuis plusieurs semaines, sous l'énergique impulsion du préfet, M. Anatole de la Forge, qui lui-même fut blessé à Saint-Quentin, s'était préparée cette guerre de villages, de coups de main, de harcèlements qui seule pouvait désormais retarder la marche de l'envahisseur. Aussi, dès ses premiers pas dans cette région, ce dernier eut-il à compter avec le patriotisme révolté des populations.

Le 8 octobre, un groupe d'une cinquantaine de Prussiens se montra sur les bords de l'Aisne, cherchant visiblement l'endroit où ils pourraient jeter un pont de bateaux destiné à leur faciliter l'investissement de Soissons. Leurs recherches s'arrêtèrent sur le village de Pommiers, situé à cinq kilomètres à l'ouest de la ville ; et aussitôt ils se mirent à l'œuvre.

Les habitants de Pommiers ne pouvaient, seuls, tenter aucune résistance. Malgré leurs demandes réitérées, ils n'avaient pas encore reçu d'armes ; la lutte leur était impossible. Ils dépêchèrent quelques jeunes gens vers les communes de Pasly et de Vauxrézis, qui, plus favorisées, venaient de voir armer leurs gardes nationaux.

C'est à ce moment, mes enfants, que nous voyons entrer en scène le premier de ces trois braves maîtres d'école dont la vertu civique a rendu célèbre la défense du département de l'Aisne.

L'instituteur de Pasly, Jules Debordeaux, était né à Eppes près de Laon. Dès son entrée en fonctions, son intelligence, sa droiture, son obligeance, lui avaient créé des amis partout où il s'était fait connaître; de telle sorte qu'à cette époque nous le voyons, malgré sa jeunesse, jouir d'une véritable influence sur ses concitoyens. Sa nature active, son cœur de patriote avaient vibré douloureusement au bruit de nos désastres. « Il fut, dit l'un de ses supérieurs, l'âme de la résistance dans le Soissonnais; il ranima dans les campagnes la flamme assoupie du patriotisme; il souleva, rassembla et conduisit au feu des paysans armés de fusils Lefaucheux, de fusils à percussion et d'autres armes à feu de peu de valeur. »

C'était lui qui avait été appelé au commandement de la garde nationale de Pasly avec le modeste grade de sergent-major.

Au premier appel fait par les gens de Pommiers, Debordeaux se transporta lui-même sur le lieu du danger. D'un coup d'œil, il se rendit compte des intentions des Prussiens, que les travaux commencés rendaient trop claires; aussitôt il s'entoura de quelques citoyens déterminés, et se mit, avec eux, à faire le coup de feu contre les travailleurs ennemis. Un bateau monté par un groupe d'entre eux dut se retirer en hâte devant cette fusillade inattendue, mais non sans vociférer des menaces et annoncer un prochain retour offensif.

Cette première escarmouche terminée, Debordeaux, félicité et remercié par les habitants de Pommiers, se retira au milieu des siens à Pasly, recommandant bien, toutefois que, si les Prussiens revenaient, on le fît avertir.

Sur le champ, avec beaucoup de jugement et d'initiative, il prie le maire de Pasly, M. Deschamps, de courir se concerter à Soissons avec le commandant de cette place, le lieutenant-colonel de Nouë. L'ordre de ce dernier fut « d'empêcher à tout prix la construction du pont ; des renforts, ajouta-t-il, seraient envoyés par lui dans les vingt-quatre heures. »

Debordeaux se le tint pour dit. Sans perdre une minute, il vole à Vauxrézis, où son collègue Poulette avait aussi organisé la garde nationale; avec lui, il parcourt la commune, enhardit les courages, relève les espérances, et prépare au combat ces soldats improvisés. Rendez-vous fut pris par les deux compagnies au lieu dit la *Croix-Blanche* pour marcher ensemble.

Cependant, les Prussiens tenaient leur menaçante promesse. En nombre, cette fois, ils avaient reparu; un assez fort parti avait traversé la rivière sur un radeau et était venu s'établir dans une dépendance du château de Rochemont, pendant qu'un détachement important se tenait posté sur l'autre rive.

Vite les habitants de Pommiers avertirent Debordeaux. Ce dernier rassembla précipitamment sa compagnie, courut à la *Croix-Blanche*, où il rejoignit la compagnie de Vauxrézis et, au pas gymnastique, tous ces braves gens se portèrent au secours de ceux de Pommiers.

La nuit était venue; néanmoins, après avoir reçu quelques renseignements sur les premiers mouvements de l'ennemi, Debordeaux fit aussitôt commencer l'attaque, se servant dans son commandement, du mot de *bataillon*, — ruse de guerre destinée à tromper les Prussiens.

La ruse produisit son effet; croyant avoir affaire à une troupe très supérieure par le nombre et le genre des combattants, les Allemands, sans riposter, se cachèrent dans les caves et les sous-sols de la ferme qu'ils occupaient.

Les nôtres pénétrèrent dans les bâtiments, les parcoururent, et, ne trouvant là aucun ennemi, sortirent et se déployèrent sur les bords de la rivière, tiraillant au jugé sur la troupe de l'autre rive.

Mais bientôt les munitions furent épuisées; et les renforts promis par le colonel de Nouë n'arrivèrent pas. Il fallut quitter le terrain du combat, la prudence commandant d'opérer cette retraite avant le jour pour éviter d'être découverts. On se replia donc par des chemins détournés, et on se sépara à deux heures du matin, en se donnant rendez-vous pour le lendemain soir.

Malheureusement, cette deuxième tentative devait être empêchée. En effet, les Prussiens qui, pendant l'attaque des gardes nationaux, avaient gardé un profond silence, s'étaient, dès leur départ, vite remis au travail et, avant le petit jour, quinze cents d'entre eux passaient l'Aisne et se précipitaient sur le village de Pommiers.

Leur rage alors est sans bornes ; ils réveillent les habitants en sursaut, les arrachent de leurs lits, les menacent de mort, exigeant sur l'heure les réquisitions les plus exagérées, annonçant que le village va être brûlé s'ils ne parviennent à savoir quels sont les coupables et à s'en emparer.

Et pour s'assurer qu'ils seront obéis, ils se saisissent des six personnes les plus notables : le maire, le curé et son vicaire, l'instituteur et deux autres propriétaires. Gardés à vue, injuriés, maltraités, sous une pluie battante, ces ôtages durent attendre ainsi, sans mot dire, jusqu'à la fin des perquisitions qui durèrent toute la journée.

Mais la vengeance des vainqueurs n'était pas satisfaite ; ils n'avaient rien découvert, rien appris concernant les défenseurs qui les avaient un instant effrayés. Ils firent alors monter les six otages sur une voiture réquisitionnée à cet effet, pour les conduire, disaient-ils au château de Vauxbuin, où résidait le lieutenant-colonel, président de la Cour martiale; puis, au moment de partir, l'officier qui commandait annonça à très haute voix qu'il donnait le dernier avertissement : les otages allaient être fusillés, le village allait être incendié si les coupables n'étaient pas découverts.

Quel souffle de honte, quel lâche découragement passa dans le cœur mal équilibré de quelques-uns de ces hommes qui, la veille, se montraient si hardis à la lutte? Je n'essaierai pas, mes enfants, de l'expliquer; toujours est-il que trois habitants de Pommiers, trois misérables, trois traîtres, égarés par la terreur vinrent à l'officier allemand et dénoncèrent Debordeaux et deux de ses compagnons d'armes, Courcy et Planchard, et signalèrent, comme ayant aussi pris part à l'attaque, les gardes nationaux de Vauxrézis.

Déjà, avant d'avoir obtenu cette délation et les détails précis qui la complétaient, le commandant de la colonne prussienne avait envoyé une centaine d'hommes, sous les ordres d'un officier supérieur, à Pasly, pour frapper d'abord des contributions et opérer aussi des perquisitions contre la garde nationale.

Dès que ce détachement était entré à Pasly, il s'était dirigé tout droit vers la maison d'école, devant laquelle se trouvaient, à cet instant, le maire, M. Deschamps, et l'instituteur Debordeaux.

Là s'était passée l'horrible scène que voici :

— C'est vous qui êtes le maire ? avait demandé le chef de la troupe.

— Oui, Monsieur.

— Et vous l'instituteur ?

— Oui, Monsieur, avait répondu Debordeaux, du ton le plus simple.

Et alors, sans le moindre geste de provocation, sans la moindre parole de vengeance ou de haine de la part de l'instituteur, le colonel allemand s'était précipité sur lui, le souffletant à deux reprises, lui criant dans la figure : « Allons, dépêchez-vous, je veux immédiatement la liste des gardes nationaux. »

Debordeaux avait bondi sous l'injure, pendant que M. Deschamps ne pouvait, de son côté, réprimer un mouvement d'indignation. Mais ils étaient entourés et les revolvers braqués sur eux à bout portant leur avaient imposé silence ; plus âgé et plus calme, le maire avait serré la main de l'instituteur dans les siennes et, au nom de ce qu'il avait de plus cher, l'avait adjuré d'obéir et de donner la liste qui lui était réclamée.

Et le malheureux avait dû se soumettre. Lui-même il avait dû apporter et compter sous les yeux de ses bourreaux les cartouches qu'il avait reçues de Soissons. Chacune de ses paroles, chacun de ses gestes recevait en réplique un coup de crosse ou un coup de poing.

Cela, avons-nous dit, se passait à Pasly, pendant qu'à Pommiers les chefs ennemis terrorisaient les habitants et arrivaient enfin à arracher à trois d'entre eux la dénonciation que nous avons signalée.

Aussitôt, une nouvelle colonne de deux cents hommes fut dirigée sur le bourg de Pasly, qu'elle cerna étroitement. Débordeaux, après avoir, le malheureux, tenté vainement de s'enfuir, fut saisi, ainsi que Courcy. Tous deux, accablés d'injures et de coups, furent garrottés étroitement et, après quelques heures d'une attente rendue plus cruelle par les mauvais traitements, ils furent amenés aux officiers allemands. Là, ils trouvèrent leurs méprisables dénonciateurs, avec lesquels ils furent confrontés.

M. Deschamps, maire de Pasly et ami de l'infortuné Debordeaux, a laissé une touchante relation de ce moment terrible ; écoutons sa parole émue :

« Le spectacle était lamentable. Le beau
» visage de mon instituteur était déjà fort
» altéré ; son teint était devenu livide, ses
» yeux étaient enfoncés dans leurs orbi-
» tes, et son regard, si doux et si franc
» autrefois, était presque éteint et se

» dirigeait sur moi avec une fixité étrange,
» qui me serrait le cœur. Le pauvre
» enfant semblait m'embrasser. Je devinai
» de suite la gravité de la situation, et
» je faillis m'évanouir lorsque l'officier
» m'apprit, avec une joie féroce, que ces
» deux hommes de ma commune allaient
» mourir. »

L'affirmation des délateurs, en effet, s'était plusieurs fois répétée. Interpellés une dernière fois sur ce point :

— Avez-vous vu les accusés ici présents se servir de leurs armes contre les soldats allemands ?

Ils avaient répondu : « Oui ».

C'était la condamnation du pauvre instituteur et de son voisin. Elle leur fut sur le champ notifiée par l'officier qui présidait à ce semblant de jugement. Ils devaient être fusillés entre Pasly et Cuffies, sur la montagne. L'arrêt allait recevoir immédiatement son exécution.

Pâles, défaits, vieillis en quelques heures, les deux braves citoyens qui allaient expier leur amour pour le sol natal, trouvèrent encore la force de marcher avec fermeté au supplice, — seuls, abandonnés, hélas! car les Prussiens s'opposèrent à ce que personne les accompagnât pour les encourager, les soutenir d'un regard, d'un geste, d'un adieu au moment suprême.

Pourtant, au loin, deux paysans, dans leur champ, aperçurent le triste cortège qui s'avançait ; malgré la crainte qu'ils éprouvaient, ils s'approchèrent, suivant les haies, tout près du lieu où il s'arrêta ; et de là, ils assistèrent épouvantés aux derniers moments des victimes.

C'est par eux que furent connus les détails qui suivent :

Par un honteux raffinement de cruauté, les Prussiens contrairement à la règle, ne firent pas feu ensemble. Ils tirèrent successivement, comme se faisant un jeu de cette double cible vivante. Atteint une première fois, Debordeaux eut l'énergie de se relever ; une deuxième fois abattu, il se relevait encore, lorsqu'un nouveau projectile le fit rouler sur le sol, aux côtés de son compagnon qu'il venait de voir mourir.

La France venait de perdre deux patriotes !

Les cadavres mutilés furent abandonnés là par les bourreaux ; ils passèrent ainsi toute la nuit suivante. Ce ne fut que le lendemain que les habitants de Pasly purent venir les relever et leur rendre les hommages de la sépulture.

IV

COMMENT LES PRUSSIENS TRAITAIENT LES OTAGES; EXÉCUTION DE LOUIS POULETTE, INSTITUTEUR A VAUXRÉZIS.

Vous seriez tentés de croire, mes petits amis, que la fureur de nos vainqueurs s'était pour un moment assouvie? Hélas! il n'en fut rien!

A peine ces deux martyrs étaient-ils tombés sous leurs balles, que de nouvelles victimes leur furent nécessaires.

Nous avons dit que la dénonciation qui coûta la vie à Debordeaux avait désigné aussi à la vengeance des Prussiens les gardes nationaux de Vauxrézis, comme ayant pris part à l'attaque de Pommiers.

Les ennemis, dès leur arrivée à Pasly, avaient arrêté comme otage le maire, M. Deschamps. Ils l'obligèrent à les conduire à Vauxrézis au milieu de la nuit du 10 au 11 octobre.

Là, recommencèrent les épouvantables scènes de sauvage brutalité que nous avons vu se dérouler à Pasly. — Atterrés par la nouvelle de ce qui venait de se passer au bourg voisin, les malheureux citoyens de Vauxrézis, tremblant de voir leurs foyers détruits, n'essayèrent plus de se défendre. La bestiale cruauté des Teutons eut beau jeu. Ce fut tout d'abord sur l'instituteur qu'elle se porta sans hésitation. Celui-ci était un tout jeune homme, Louis Poulette, né à Saint-Christophe-Berry, en 1840. Il atteignait donc sa trentième année, lorsque se produisirent les événements qui devaient si lamentablement terminer une carrière que ses excellentes aptitudes annonçaient comme devant être heureuse.

Le premier mot de l'officier prussien fut pour réclamer de lui immédiatement la liste des gardes nationaux. Poulette, sans se laisser intimider, avec le plus grand calme, bien qu'il n'eût guère d'illusions sur le sort qui lui était réservé, refusa de la faire connaître, affirmant qu'il ne la possédait pas. En effet, en prévision des dangers qu'elle pourrait faire courir à ses concitoyens, il avait brûlé cette pièce. Mais, là encore, il se trouva un traître : le garde-champêtre Poittevin, avait, à l'insu de l'instituteur et du maire, pris une copie de la liste ; il la livra aux Prussiens en même temps qu'il signala spécialement, par esprit de vengeance personnelle, deux de ses voisins, Létoffé et Déquirez.

Nous reviendrons, mes enfants, sur ces honteuses délations, pour voir quelle fut la juste punition réservée aux traîtres. Continuons pour le moment le récit de cette matinée émouvante.

Poulette, Létoffé et Déquirez furent immédiatement saisis et garrottés. On les garda à vue dans la cour, pendant qu'on enfermait dans la salle d'école une trentaine d'autres prisonniers.

M. Deschamps raconte même un détail horrible : les bourreaux eurent le cynisme, pendant qu'ils maltraitaient leurs otages et abreuvaient le pauvre instituteur d'injures et de brutalités, de forcer sa malheureuse femme à leur préparer le déjeûner.

Nous voudrions nous garder, mes enfants, d'inculquer dans vos esprits les mauvais désirs de représailles, le mépris ou l'oubli des devoirs de l'humanité, du respect du droit des gens, dont les armées civilisées ne devraient jamais se départir. Mais si l'avenir vous appelle à la revanche que nous souhaitons; si vous avez le bonheur, à votre tour, de fouler d'un pied victorieux le sol de la nation détestée, rappelez-vous ces faits dignes des vandales; souvenez-vous que la pitié serait superflue; et si quelque généreux sentiment, quelque clémence spontanée veut jaillir de vos cœurs, refoulez-en la poussée sous le souvenir des atrocités de 1870, et frappez impitoyablement!

Leur déjeûner pris, les Prussiens entassèrent leurs prisonniers dans des voitures de réquisition et les dirigèrent sur le château de Vauxbuin dont nous avons déjà parlé. — A l'arrivée, on les divisa en trois groupes : l'un composé de Poulette et de ses deux compagnons Létoffé et Déquirez, qui restèrent devant le Conseil pour être immédiatement jugés. Le second, du curé de Pommiers, de l'abbé Mulet, et de M. Deschamps, maire de Pasly, qui furent placés dans une chambre voisine ; et enfin le troisième, des autres prisonniers que l'on obligea à se tenir couchés à plat ventre sur la pelouse du parc, inondée par la pluie. Cinq heures, ces malheureux restèrent ainsi, ramenés durement à l'immobilité dès qu'ils cherchaient à changer de position.

Cependant, à l'intérieur, dans la salle du Conseil on procédait à un simulacre de jugement contre Poulette, Déquirez et Létoffé.

Le premier fut, d'après les renseignements du garde-champêtre et la liste qui

Le général Chanzy.

servait de pièce à conviction, convaincu
« d'avoir trempé dans un complot contre
la sûreté des soldats allemands » en distribuant, contrairement aux ordres du maire,
les fusils rassemblés à la mairie, et en
faisant lui-même acte de combattant.

Ses deux compagnons étaient déclarés
coupables d'avoir prêté la main au même
complot. Tous trois furent condamnés à
être fusillés, et le lieutenant-colonel ordonna que l'exécution eût lieu immédiatement, contre le mur du parc, en présence de tous les prisonniers.

On fit lever ces derniers et on les conduisit à quelques pas, sur le point choisi
pour le supplice de leurs trois amis, qui
arrivèrent presque aussitôt, abattus, se
soutenant à peine.

La sentence lue à haute voix, quelques
minutes seulement furent accordées aux

condamnés pour s'entretenir avec un prêtre.

Ce fut M. l'abbé Mulet, l'un des otages de Pommiers, qui reçut leur courte confession. En vain, ce pauvre ministre de la religion, affolé par la douleur et l'émotion, se jeta-t-il aux genoux du colonel allemand; en vain, supplia-t-il au nom du Dieu de miséricorde que la peine de mort fût commuée en prison perpétuelle ; les juges militaires furent inflexibles. Le signal de l'exécution fut donné.

Les trois gardes nationaux furent fusillés, non point à la fois, comme l'humanité et les règlements militaires le demandaient, mais successivement. Le malheureux Poulette tomba le dernier, après avoir assisté au supplice de ses deux voisins.

Ce raffinement de cruauté ne suffit pas

aux Prussiens. Ils obligèrent, séance tenante, les otages — et parmi eux ce pauvre curé qui, tout à l'heure, se traînait à genoux — à enterrer les cadavres et à piétiner le sol qui les avait reçus.

Puis les prisonniers furent reconduits au château et enfermés dans les sous-sols. Ils restèrent là, en butte aux plus mauvais traitements, croyant à chaque instant leur dernière minute venue, jusqu'au moment de la capitulation de Soissons.

En trois jours, cinq des leurs, cinq braves, parmi lesquels les deux jeunes instituteurs qui avaient si courageusement fait leur devoir de patriotes, venaient d'être sacrifiés à la vengeance d'un vainqueur inhumain.

Avant de continuer notre récit, revenons, mes enfants, ainsi que nous nous le sommes proposé, aux misérables traîtres qui furent cause des pénibles événements que vous venez de lire. Ces défections ignobles furent rares, Dieu merci ! Mais elles n'en sont pas moins à signaler et à marquer au fer rouge de la honte. Il faut que le pays indigné sache les noms de ces citoyens réprouvés, et les renie avec horreur. Apprenez-les donc, mes enfants, et retenez encore ceci :

C'est que, pour prévenir et pour flétrir, le cas échéant, l'inertie, le manque de patriotisme et de civisme dans notre pays, pendant une guerre prochaine, *tous les Français qui éviteront de partir, pouvant le faire, auront leur nom affiché officiellement et à demeure à la porte de la mairie.*

Avis aux lâches !

Les traîtres de Pommiers étaient au nombre de trois :

Arthur Arnould, François-Joseph Leclère, et Jean Bertin. Nous avons dit que celui de Vauxrézis était le garde-champêtre Poittevin.

En 1872, ces quatre vauriens furent appelés devant un Conseil de guerre. Leur crime fut facilement établi. Tous auraient dû l'expier par la peine capitale ; je ne sais quelles circonstances atténuantes valurent à deux d'entre eux la clémence des autorités. Arthur Arnould et Poittevin furent condamnés à mort. Mais Poittevin seul fut exécuté ; Arnould obtint la commutation de sa peine et fut déporté à la Nouvelle-Calédonie.

Jean Bertin et Joseph Leclère furent condamnés à dix ans de travaux forcés. Voilà le sort ignominieux que ces Français indignes avaient préféré à l'honneur de mourir pour le pays !

VI

INIQUE CONDAMNATION ET EXÉCUTION DE JULES LEROY, INSTITUTEUR A VENDIÈRES.

Trois mois n'étaient pas écoulés depuis les événements de Pasly et de Vauxrézis que le corps enseignant de l'Aisne avait le douloureux honneur de compter une victime de plus.

Jules Leroy, né à Remigny en 1845, atteignait juste ses 25 ans au moment de la guerre. Après des débuts heureux dans l'enseignement, il était envoyé, en 1868, en avancement à Vendières, commune d'environ quatre cents habitants, dans l'arrondissement de Château-Thierry. Détail touchant, le pauvre jeune homme avait été sur le point de refuser cette faveur, des projets de mariage l'attachant à la commune où il professait avant. Pourtant, l'avis de sa fiancée l'ayant décidé, il était venu s'installer à Vendières ; bientôt il s'était marié et, à l'époque de la guerre, nous le trouvons père de deux enfants.

A Vendières, la résistance locale avait été organisée vers la fin de 1870 par une compagnie de francs-tireurs de la Champagne, dont le but était non de combattre ouvertement, mais d'inquiéter l'ennemi et surtout de le gêner dans ses opérations de ravitaillement vers Paris ; or, pendant un de ces coups de main qu'ils s'étaient donnés pour rôle, ces francs-tireurs, au début de janvier 1871, avaient fait prisonniers deux cantiniers et deux cantinières de l'armée ennemie. Ces prisonniers s'évadèrent-ils, ou bien, dans l'impossibilité de les garder, les laissa-t-on partir? Je ne sais. Toujours est-il qu'ils regagnèrent leur corps, et ce fut le malheur des habitants de Vendières.

Une semaine après, en effet, ces cantiniers reparaissaient conduisant une forte colonne de Prussiens. C'était le 22 janvier, au point du jour. L'alarme fut vite donnée; mais les francs-tireurs ne se sentant pas en forces avaient dû se retirer. Les Prussiens s'abattent comme un cyclone sur le village, pillant, fusillant, détournant tout, frappant, maltraitant les malheureux habitants. Le résultat de leurs recherches fut nul. Aucune trace de francs-tireurs, aucune preuve de complicité dans les maisons. Leur rage était à son faîte, lorsque brusquement les cantiniers déclarèrent reconnaître l'instituteur Leroy comme un des chefs de la compagnie franche dont ils avaient été prisonniers. Aussitôt ce fonctionnaire fut saisi et ligotté. Neuf autres personnes, tant femmes qu'hommes, furent appréhendés en même temps. Une voiture abandonnée par les francs-tireurs servit à les diriger sur Nogent-l'Artaud.

« Je crains de ne plus te voir » disait en partant Leroy à sa jeune femme qui, comme ses voisines, éplorée, suppliait les Allemands de se rendre compte de l'innocence de son mari. Hélas, le pauvre jeune homme ne se trompait pas.

En même temps que lui avait été saisi et retenu comme otage, un notable de l'endroit, M. Bouloré. C'est d'après ce témoin que nous donnons les détails qui suivent.

A Nogent-l'Artaud un premier et très court interrogatoire eut lieu, à la suite duquel il fut décidé que tout le convoi allait continuer par la voie ferrée son chemin sur Châlons où siégeait le conseil de guerre. On attacha les prisonniers comme des bêtes de somme dans un wagon à bestiaux, si étroitement que le moindre mouvement les meurtrissait. Au cours de la route, un arrêt de quelques heures eut lieu. A ce moment, un officier supérieur se précipita dans le wagon, et sauta sur Leroy, qu'on lui désignait comme l'instituteur arrêté !

— Combien as-tu d'élèves? lui demanda-t-il.

— Soixante, dit Leroy.

— Soixante brigands, soixante canailles ! hurla le soudard ; puis, s'exaspérant de plus en plus, comme en proie à une ivresse voisine de la folie, il saisit le pauvre instituteur sans défense par la barbe, le tira brutalement à lui et lui cracha au visage en criant : « La voilà, la grande » nation ! Voilà un instituteur de cette na- » tion qui se dit la plus civilisée de l'Eu- » rope ! »

Eh bien, je vous le demande, mes enfants, ces bandes grossières qui ont envahi notre pays en 1870, ces officiers sans respect pour aucune des lois de l'humanité, ces voleurs de pendules étaient-ils en droit de se croire nos maîtres en civilisation ?

Laissons maintenant, pour quelques lignes, la parole à M. Bouloré. Après le brutal incident, Leroy lui dit :

— Vous le voyez, je ne reviendrai pas. Ma famille va être privée de son unique soutien. Si vous avez quelque crédit, Monsieur Bouloré, mettez-le au service de mes pauvres enfants. Engagez ma femme à frapper à toutes les portes, à s'adresser à M. l'inspecteur d'Académie. Peut-être pourra-t-il faire quelque chose pour elle. Faites votre possible pour que mon fils entre à l'Ecole normale. »

Est-elle assez touchante cette attitude calme d'un malheureux qui voit venir la mort sans exprimer d'autre souci que l'intérêt des êtres chers qu'il abandonne?

Enfin, après une horrible nuit passée à Epernay, on arriva à Châlons où les prisonniers, après un nouvel interrogatoire, furent écroués séparément à la prison militaire.

« Le lendemain, dit M. Bouloré, à huit heures du matin, on vient me chercher pour me conduire devant le conseil de guerre. Je m'y trouvais avec Mmes Blétry et Saint-Mars. J'appris alors que ces dames et moi étions appelés comme témoins à décharge... on voulait simuler un jugement régulier. Nos dépositions étaient reçues par un interprète qui les traduisait aussitôt aux officiers du conseil. Hélas, l'arrêt était rendu d'avance, à toutes nos affirmations ils répondaient par des rires sardoniques...

....» Le soir, continue ce témoin, vers neuf heures, je trouvai M. Leroy se chauffant auprès du poêle du corps de garde.

— » Connaissez-vous, lui dis-je, la décision du conseil ?

— » Je n'en sais pas plus que vous, mon cher Monsieur Bouloré ; mais les questions qui m'ont été posées par l'interprète ne me laissent aucun espoir... Rappelez-vous les recommandations que je vous ai faites. Recommandez à ma femme de faire dresser mon acte mortuaire, portez-lui mes derniers adieux, et embrassez mes enfants pour moi.

» Ce furent ses dernières paroles ; les soldats de garde nous séparèrent. »

Et le lendemain, le malheureux Leroy fut exécuté.

Quatre cercueils réquisitionnés auprès de la municipalité avaient été déposés au bord de quatre fosses creusées dans la cour de la caserne, le long du mur. Dès le soir même où avait lieu la triste conversation que nous venons de rappeler, à une heure très avancée, les abbés Leroux et Muller avaient été invités à se tenir à la disposition des condamnés. Et à sept heures du matin, l'instituteur Leroy et ses trois co-détenus, Chron, Lecourtois et Jacques Nicolas furent extraits de leurs cellules. Leur attitude était ferme. Venez, criait Leroy pendant le trajet, venez voir, citoyens de Châlons, comment meurt un Français innocent ! »

Conduits au bord des fosses, ils furent adossés au mur et la fusillade eut lieu. L'infortuné Leroy ne fut frappé que le dernier. Il dut voir tomber, avant de mourir, ses trois compagnons. Jusqu'à la dernière minute, affirma l'abbé Leroux, il tint la main droite levée, en attestation de son innocence.

Les quatre cadavres emplirent les fosses préparées d'avance.

Au commencement du mois d'octobre suivant, les corps de Leroy et de Chron furent exhumés et transportés au cimetière de Vendières.

VI

HOMMAGES RENDUS A LA MÉMOIRE DE TROIS INSTITUTEURS DE L'AISNE FUSILLÉS EN 1870.

En France, mes enfants, nous avons toujours su honorer la mémoire de nos héros. Aussi les hommages publics n'ont-ils pas manqué aux trois instituteurs que le département de l'Aisne vit, en 1870, mourir pour la défense de leur drapeau et de leur pays.

Une magnifique pyramide a été élevée en l'honneur de Debordeaux sur le lieu même de son exécution, en haut de la colline qui sépare Pasly de Cuffies.

La tombe de Poulette est surmontée d'un

modeste mausolée dû à la libéralité patriotique du propriétaire du château de Vauxbuin.

A Vendières s'élève un monument funéraire destiné à rappeler la fin tragique de Leroy. Les frais en ont été faits par les instituteurs de l'arrondissement de Château-Thierry.

Le gouvernement, de son côté, n'a pas manqué de donner aux familles de ces trois martyrs du devoir des marques effectives de sa sollicitude.

En novembre 1871, le Conseil général, à sa première réunion après nos désastres, décida, sur la proposition de l'ardent patriote, de l'éminent historien Henri Martin, qu'une plaque commémorative serait placée à l'Ecole normale de Laon en l'honneur des trois instituteurs fusillés « afin que les élèves-maîtres eussent toujours devant les yeux le souvenir de ces vaillants instituteurs qui ont accompli noblement leur devoir envers la France et sacrifié leur vie pour la défense de la patrie. »

Voici l'inscription gravée sur cette plaque :

A LA MÉMOIRE

DE DEBORDEAUX (JULES-DENIS)

INSTITUTEUR A PASLY

DE POULETTE (LOUIS-THÉOPHILE)

INSTITUTEUR A VAUXRÉZIS

FUSILLÉS PAR LES PRUSSIENS POUR AVOIR DÉFENDU LEUR PAYS

ET DE LEROY (JULES-ATHANASE)

VICTIME D'UNE INIQUE CONDAMNATION DE LA PART DE L'ENNEMI

LE CONSEIL GÉNÉRAL DE L'AISNE

A ÉRIGÉ CE MONUMENT

Enfin, les officiers de notre armée n'ont négligé aucune occasion de saluer leurs « frères d'armes » morts au champ d'honneur et de les donner en exemple à leurs soldats.

Le 7 février 1884, le 67e de ligne passait à Pasly. Sur l'ordre du colonel, le régiment se forma en masse auprès du monument de Debordeaux ; puis, debout sur la première marche, le colonel, tête nue, prononça une allocution vibrante :

« ..... Devant vous, dit-il, se dresse un
» monument où reposent deux Français,
» martyrs tombés en 1870 sous les balles
» prussiennes. Sans connaître nos règle-
» ments, ces braves citoyens avaient com-
» pris que le salut ou la perte du pays
» peut dépendre d'une heure de résis-
» tance. Aussi, sachant que l'ennemi
» voulait franchir l'Aisne, ils résolurent

» d'en défendre le passage ; mais un lâ-
» che, un traître, les dénonça à la vindicte
» de l'envahisseur. Ils furent fusillés. Cet
» exemple vous montre que le courage
» et l'amour de la patrie ne se trouvent
» pas seulement sous l'uniforme, mais
» bien aussi sous la blouse de l'artisan ou
» l'habit de l'instituteur.

» Soldats du 67e, travaillez sans cesse,
» pensez que chaque goutte de votre sang
» peut racheter un lambeau du territoire
» perdu ! »

VII

SUITE DU TABLEAU D'HONNEUR DES INTITUTEURS
EN 1870.

Telle fut, mes enfants, la fin tragique de ces trois jeunes maîtres qui donnèrent aux écoliers de toute la France une si mémorable « leçon de choses ».

Plus malheureux, mais plus glorieux aussi que les autres dont nous allons parler ils perdirent la vie dans l'accomplissement de leur devoir. C'est pourquoi je leur ai donné la place d'honneur dans ce récit.

Mais les autres, pour avoir survécu aux pénibles événements de 1870, n'en furent pas moins dignes, par leur dévouement, leur conduite exemplaire, des éloges de tous et des récompenses du gouvernement. Leurs noms doivent être divulgués comme autant de modèles à suivre.

Je ne puis m'étendre longuement sur les mérites de chacun ; nous allons simplement repasser ensemble les actes louables qui les ont désignés à notre reconnaissance et les récompenses qu'ils ont obtenues : procédons, pour cette énumération, par ordre alphabétique.

BISSON (Charles), instituteur à Saint-Pierre-les-Nemours (Seine-et-Marne), se distingua brillamment pendant les cinq mois que dura l'occupation allemande. Les 15 et 18 novembre, il fut sommé, sous de graves menaces, de donner les cartouches et les fusils de la garde nationale,

Les prisonniers.

Avec un sang-froid inébranlable, il s'y refusa, ignorant, disait-il, s'il y en avait. Ses appartements furent horriblement pillés sans qu'il songeât à quitter son poste. Au mois de décembre suivant, les Prussiens ayant allumé l'incendie à la mairie, M. Bisson, au risque de sa vie s'élança au milieu d'eux, leur arracha les livres qu'ils brûlaient et, par son courage, parvint à les chasser de la salle en feu.
— Le 17 novembre 1871, le gouvernement a décerné à ce brave maître une médaille d'honneur de première classe.

CHAUVIN (Prosper-Constant), instituteur à Cussey (Doubs). Accusé, lors du passage des troupes allemandes dans sa localité (24 octobre 1870), d'avoir sonné la cloche de la mairie, contrairement à la défense qui en était faite, M. Chauvin fut arrêté et entraîné jusqu'à un village voisin avec la troupe ennemie. Là, pourtant, il put se justifier et démontrer que ce que l'officier allemand avait pris pour un son de cloche n'était que la sonnerie de l'horloge marquant dix heures au moment du défilé.

Relâché, il rentrait chez lui, lorsqu'un groupe de soldats ennemis le rencontra et, sous un prétexte quelconque, le fusilla. Son corps, deux jours après, fut ramené à Cussey. Il laissait, avec une veuve, deux jeunes enfants.

Les instituteurs du Doubs ont marqué par un monument modeste, l'endroit où repose, au cimetière, le corps de leur malheureux collègue.

CROSNIER (Adrien-Louis), instituteur à Azé (Loir-et-Cher).

En 1870-71, rendit les plus grands services pendant la durée de l'occupation allemande. A dirigé avec le plus grand dévouement une ambulance établie dans sa maison. Le 25 juillet 1872, il reçut une médaille d'honneur.

CHILLÈS (Melchior), instituteur à Chaumont (Haute-Marne).

Sa conduite pendant la guerre fut des plus louables. Il fit évader plusieurs centaines de prisonniers ; son plus brillant trait de courage fut le suivant :

Tout près de la commune de Guerstling-Niedvelling, un camp français allait être surpris par l'ennemi. M. Chillès s'en rendit compte et, sans calculer les difficultés, il monta à cheval, déguisé, et après avoir traversé mille dangers, il arriva au camp français assez tôt pour prévenir le général. Lui-même il dirigea les soldats à l'ennemi, qui, surpris, prit la fuite. Le général de Cissey le félicita chaudement de son initiative courageuse. Mais reconnu par les Prussiens, il faillit tomber entre leurs mains. Ce ne fut qu'avec les plus grandes fatigues qu'il échappa à la mort en errant pendant deux mois dans les montagnes. Enfin, il rentra chez lui dépouillé de tout, ruiné de santé, mais fier de sa conduite. Le 28 janvier 1871, le gouvernement lui décerna une médaille d'honneur.

FOUQUET, instituteur à Châtel-Chéhéry (Ardennes), rendit pendant l'invasion des services si importants à sa commune (il fut même arrêté et emprisonné à Grandpré), que le Conseil municipal, dans sa séance du 30 juin 1871, lui vota des remerciements ; une somme de 500 francs fut aussi votée « pour frapper une médaille commémorative qui perpétuât dans sa famille le témoignage de reconnaissance des habitants de Châtel pour ses services dévoués ».

FAUTRAS (Gustave), instituteur à Bricy-le-Colombier.

Le 10 octobre, les Prussiens envahissaient la commune de Bricy. Bien que les habitants, trop peu nombreux et sans armes, n'eussent aucunement fait mine de se défendre, un ouvrier nommé Blondin, découvert au moment où il cachait un fusil, fut saisi et immédiatement fusillé. Les Prussiens aussitôt arrêtèrent tous les hommes qu'ils trouvèrent et, en tête, M. Fautras qui n'avait pas quitté son poste. Ce dernier a publié (chez Séjourné, éditeur à Orléans), une relation émouvante des souffrances qu'il supporta avec ses compagnons de détention. Il fut prisonnier cinq mois à Stettin, où il laissa bon nombre de ses compatriotes décédés pendant leur captivité. Il ne rentra en France qu'en mars 1871 pour reprendre ses fonctions.

LEVRAT (Pierre-Joseph-Louis), était instituteur à Béon (Ain), lorsque éclata la guerre. Malgré son jeune âge (il avait 19 ans), il n'hésita pas à s'engager comme volontaire ; il fit toute la campagne, et fut blessé au siège de Paris.

LORRAIN (Jean-Pierre), instituteur à Arrancy (Meuse).

Fait prisonnier à l'arrivée des Prussiens à Arrancy il fut emmené au bagne allemand de Werden ; il n'en revint qu'au bout de deux ans, après avoir subi tous les mauvais traitements que les forces humaines peuvent supporter.

Dès son retour en France, il reprit modestement ses fonctions jusqu'à sa retraite.

LEDOUX (Pierre), instituteur à Crouy (Aisne), était un petit-neveu du grammairien Lhomond. Il fait honneur à sa famille, déjà célèbre dans l'université. Les habitants de Crouy, menacés à la fois du canon prussien et du canon français, s'étaient enfuis dès le début du siège de Soissons.

Pierre Ledoux resta à son poste, entouré d'une quinzaine seulement de citoyens dévoués. Il se chargea du salut public et de la conservation des meubles et immeubles des concitoyens. Menacé de mort par les Prussiens, il sut énergiquement leur résister. Poussé devant eux au combat, il put rejoindre les Français et retourna à son poste qu'il n'abandonna jamais. Grâce à lui, tout fut sauvegardé dans le bourg de Crouy en l'absence des habitants, qui, à leur retour, lui prodiguèrent leurs remerciements.

LEHR (Charles), instituteur à Strasbourg, se montra, pendant le bombardement d'une telle vaillance et d'un tel dévouement que, le 18 janvier 1871, le gouvernement de la Défense nationale le nomma chevalier de la Légion d'honneur.

MIGNOT (Jean-Marie) avait vingt ans à la déclaration de la guerre. Bien qu'il fût l'aîné de sept enfants et fils de veuve, il s'engagea et fit toute la campagne. Après la guerre, il rentra dans l'enseignement et mourut instituteur à Saint-Rambert, des suites d'une maladie contractée pendant la guerre.

PAILLET (Jacques), ancien instituteur à Lux, avait quitté l'enseignement et était maire de Saint-Julien (Côte-d'Or) lors de la guerre. Le 31 janvier, lorsque les Prussiens envahirent sa commune, ils trouvèrent les fusils de la garde nationale cachés dans un grenier du magasin à pompes ; de plus, un vieux fusil fut découvert chez le maire. Aussitôt, ce magistrat fut arrêté, jugé et condamné à mort. L'exécution devait avoir lieu le lendemain, malgré les démarches faites par les notables pour sauver le condamné. Mais un hasard providentiel le sauva : quelques instants avant l'heure fatale, arriva la nouvelle de l'armistice. Le commandant rendit alors la liberté provisoire à M. Paillet et commua sa peine en déportation dans une enceinte fortifiée.

PRAICHEUX, instituteur à Varois (Côte-d'Or). Le 30 octobre 1870, M. Praicheux, grâce à son sang-froid et à son courage, sauva d'une destruction certaine les bâtiments communaux de Varois ; l'artillerie allemande avait reçu l'ordre de bombarder ces bâtiments où l'on croyait cachées des troupes françaises. Voyant le danger, M. Praicheux, au péril de sa vie, arbora une serviette blanche à la fenêtre. A la vue du drapeau blanc, les allemands cessèrent le feu, et un officier s'approcha pour parlementer. Lorsqu'ils eurent acquis la certitude que les bâtiments étaient vides, les Prussiens tournèrent ailleurs leur tir d'artillerie.

Grâce à l'initiative de M. Praicheux les

édifices étaient sauvés. Aussi son nom est-il l'objet du plus grand respect à Varois.

Mlle Elisa ROUSSELOT, institutrice à Saint-Hippolyte (Doubs) ;

Mme Rosalie VIEIL, supérieure de l'école des filles de Rouez (Sarthe) ;

Mlle Marie CAILHE, institutrice à Paris ;
N'ont cessé de donner les plus louables preuves de dévouement, de zèle et d'abnégation dans la direction ou dans le service des ambulances. Une médaille d'honneur a été décernée à chacune d'elles par le gouvernement (28 janvier 1872).

Nous devons enfin signaler la conduite à tous égards remarquables des Frères des écoles chrétiennes pendant cette malheureuse période. Lors de la déclaration de la guerre, le Frère Philippe, supérieur de leur Institut, écrivit au ministre de la guerre que tout le personnel se mettait à sa disposition pour les soins à donner aux blessés. C'est alors que ces braves citoyens furent enrôlés comme brancardiers et infirmiers. Partout ils méritèrent les remerciements et l'affection des malades qu'ils secouraient.

A Pouru (Ardennes), en dehors des soins qu'il dirigeait avec tant de zèle dans son ambulance, le Frère directeur, par trois fois, empêcha l'incendie du village.

A Verdun, leur rôle fut aussi généreux que le réclamait la terrible situation de cette place, attaquée de tous côtés. Aux ambulances, sur les remparts, ils ne cessèrent de se prodiguer. Le Frère Armand mourut à la suite de la maladie contractée pendant son service d'infirmier.

Même dévouement sans bornes chez ceux d'Orléans, où les Frères Népolien et

Nicéphorien, chargés de l'ambulance de la *Gendarmerie*, en firent une ambulance modèle et méritèrent les félicitations du sous-intendant militaire.

A Paris, enfin, leur conduite, ni plus ni moins admirable, leur valut un prix de vertu décerné par l'Académie française.

« Ils eurent, dit le rapport, constam-
» ment leurs places sur les remparts et
» dans les batailles... On les voyait de
» grand matin traverser Paris, le Frère
» Philippe en tête, malgré ses quatre-
» vingts ans, les envoyant au combat où il
» ne pouvait les suivre.....»

Ils eurent eux-mêmes à pleurer deux des leurs qui furent tués; plusieurs furent blessés et dix-huit périrent par suite des maladies contractées près des blessés et des malades.....

Outre le grand prix décerné aux Frères

par l'Académie française, le Gouvernement de la Défense nationale donna la croix de la Légion d'honneur au vénérable Frère Philippe, qui accepta surtout cette haute récompense pour les siens.

M. Jules Ferry, délégué à la mairie de Paris, sut rendre hommage aussi au dévouement des Frères, en répondant par la lettre suivante au Président du Comité des ambulances de la Presse, qui le prévenait des obsèques du Frère Nethelme, tué en ramassant les bessés :

« Monsieur le Président, je vous suis
» reconnaissant de cette pieuse pensée
» d'associer l'administration municipale à
» l'hommage que vous rendrez demain au
» très digne et très courageux citoyen en
» religion Frère Nethelme, qui a payé de
» sa vie son dévouement pour les blessés.
» S'il y a des degrés dans l'héroïsme, les

» plus beaux sacrifices sont les plus obs-
» curs, et le Frère Nethelme a fait le sien
» assurément sans espoir de gloire. C'est
» pour nous un devoir d'autant plus
» étroit de lui rendre les honneurs civiques
» auxquels il n'aspirait pas, mais qui
» témoigneront encore plus de l'union des
» âmes françaises dans l'amour et la foi de
» la Patrie...»

CONCLUSION

J'ai terminé, mes jeunes amis, ce récit qui, j'en suis sûr, a retenu sans relâche votre attention, non par les mérites du conteur, mais par l'intérêt vibrant qu'il soulève.

Est-il besoin, mes enfants, d'insister longuement sur la morale qui s'en dégage ? — Je ne le crois pas. Tous vous avez compris que les nobles actes de ces instituteurs vous tracent votre conduite pour l'avenir.

Ils vous enseignent encore quels sentiments vous devez professer pour vos maîtres. Déjà, pour leur douceur, pour leur affabilité, pour l'indulgence constante qu'ils vous témoignent, vous leur donniez toute votre affection. Joignez-y, mes enfants, les hommages que l'on doit à des citoyens, qui, modestement, sans ambition, par le pur sentiment du devoir, savent s'élever, le cas échéant, au rang des plus braves soldats.

Ecoutez ce que dit, à ce sujet, un éminent universitaire, M. Zeller, recteur de l'Académie de Grenoble, dans l'avant-propos de son intéressante brochure, *Les Trois Instituteurs de l'Aisne fusillés pendant la guerre de 1870* :

« C'est aux instituteurs qu'est dévolue
» la tâche d'allumer dans le cœur des
» enfants, la flamme du patriotisme, d'é-
» lever les jeunes générations dans le
» culte de la patrie et de leur enseigner les
» grands devoirs qu'elles auront à remplir

» à l'égard de la France et de la Répu-
» blique.

» Pour enseigner le patriotisme, il faut
» être soi-même un bon patriote. La con-
» duite des instituteurs pendant et depuis
» la guerre nous est un sûr garant qu'ils
» remplissent tous cette condition essen-
» tielle et nous permet d'affirmer que la
» jeunesse française est en bonnes mains. »

Ma modeste plume, mes enfants, ne saurait rien ajouter à l'appréciation de cette voix autorisée, qui résume si bien le jugement de l'opinion publique. Aussi dois-je me contenter, en terminant, de mettre sous vos yeux ces beaux vers de notre grand poète, Victor Hugo, que l'héroïsme des victimes du Corps enseignant me remet en mémoire :

Ceux qui pieusement sont morts pour la patrie
Ont droit qu'à leur cercueil la foule vienne et prie.
Entre les plus beaux noms leur nom est le plus beau.

Toute gloire auprès d'eux passe et tombe éphémère;
Et, comme ferait une mère,
La voix d'un peuple entier les berce en leur tombeau.
Gloire à notre France éternelle !
Gloire à ceux qui sont morts pour elle !
Aux martyrs, aux vaillants, aux forts !
A ceux qu'enflamme leur exemple,
Qui veulent place dans le temple,
Et qui mourront comme ils sont morts !

TABLE DES MATIÈRES

Dédicace................................ 7

CHAPITRE Ier
Patriotisme............................. 9

CHAPITRE II
Le tableau d'honneur du corps enseignant pendant la guerre de 1870........... 15

CHAPITRE III
Efforts patriotiques des gardes nationaux. Exécution de Debordeaux, instituteur à Pasly............................. 35

CHAPITRE IV
Comment les Prussiens traitaient les otages ; exécution de Louis Poulette, instituteur à Vauxrézis................ 53

CHAPITRE V

Inique condamnation et exécution de Jules Leroy, instituteur à Vendières. 67

CHAPITRE VI

Hommages rendus à la mémoire de trois instituteurs de l'Aisne fusillés en 1870. 77

CHAPITRE VII

Suite du tableau d'honneur des instituteurs en 1870..................... 83

Conclusion........................ 103

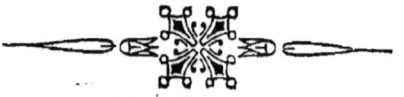

Limoges. — Imp. Marc BARBOU & Cie.

www.ingramcontent.com/pod-product-compliance
Lightning Source LLC
Chambersburg PA
CBHW070533100426
42743CB00010B/2067